Pocket sized mini word-search and maze.
Ideal for the kids on those long car journeys.
Simple random and themed words to find.

This book belongs to…

O	R	F	S	R	V	E	S	V	B	C	S
T	Z	L	R	R	C	D	V	Y	L	E	U
O	I	U	E	J	O	U	G	E	V	N	O
F	O	B	F	I	N	T	N	Q	A	E	L
M	D	M	U	P	T	I	I	U	P	X	U
S	Z									U	C
H	D	Name								S	I
R	E	F	E	D	T	U	O	O	E	M	T
H	E	E	N	E	E	T	R	C	N	M	E
B	K	J	T	J	F	W	G	A	Z	D	M
Q	N	S	I	X	P	D	N	T	J	S	S
L	S	U	W	L	Y	U	E	E	J	R	T

RANDOM WORDS

```
H A S A S E X V O T U O A X T
T V Z P V T A U A W H A L E Q
U K S R L J D O U E X Q X G J
N P X P R O C R C D D A I P T
O K B A O N O U E E T Z H E Q
L Y R W I T L B L W Q N P L X
H Y F A C B V K Z J Q K E T P
S W R O Z M M Q N S E T N T D
D M D J J X B I Y X S W C O O
H K J B W I N D O W P R I B I
G G J L C M W Y K N O X L U V
P H U S N X L K S O O F D A E
U T I B L A G K A Q N Y S S D
D K I G B Z L Z X I Y E G H C
K Y H L H I X R L M S F L E Y
```

Word List

BED

BUG

BOTTLE

WINDOW

RAINCOAT

VASE

DOCTOR

PENCIL

SPOON

WHALE

RANDOM WORDS

```
M D Y S I U L P W H O M U L P
N N I O X O A Y L E K N K M J
A P Y P C A E T G N H U A F I
F I V K Z N S L D Z W L T Q M
E Z T O O N H Z P N A P K I N
Z Z M H X O O G G X D U Y I H
W A C S T K E Q F B T L I Q O
R X P T I C U M O G O N B M L
C B T V D F N X D G B Y A T B
S A I E O I J Y X R A Q N T E
J O R Q A V V O T R E V T D T
Z A L T Q O Q B K C I A P S S
E N F Z O L J X Z M P V M P A
T I M H N O H S D A Y Y E W V
C A L D O O N T P Q M Y L R Y
```

Word List

NAPKIN	LOCK
LAMP	SHOE
BOY	CARTOON
DREAM	RIVER
PIZZA	HONEY

RANDOM WORDS

```
T W E C Z B N V D S T O N E F
Y D M Y I F E V X H I B E A A
I C N E S T Y A Z I C N M O D
U N D M I W N N C V L I M I H
M X E G N N O B R H L V N J A
B S V D V Y D B E Y E N I F O
U V V B A B U I W J E V F R M
U X U R O D G T O R D K M Z W
Y F C S M N X N L O R C W W G
G N N U X N Z R F O E N A A S
N S S B A A J F K W S O R B H
T W S H T R L Q I O S D H E I
O E G A A B G I F Y E I G Z E
A H A Z L J G J H N B F Z D S
Z I M F D G T M Z E H B Q N U
```

Word List

FLOWER	DINNER
DRESS	GLASS
NEST	GARDEN
BEACH	FAMILY
CRAYON	STONE

RANDOM WORDS

```
I L J V T M Y T K O E R J G T
C A M E S Q O V K A W S E P Q
E R T Z U S E O K I L J O L R
D M Y H Y O Y B R T Q P J R S
E Y V V S J Y E O I D A E A Q
M P E M F L J I F Y F R O T I
Q Y J L E C L O W S G B C N N
E W W C J D S U Z G F E G S H
I S K G K U G O G V O Z W M P
Q M T C N C M W A F L G T L V
Y X G R A I N Y S L P M M J N
K F A O U E K I D W T H P T L
V L L T L C Y C U E E S Z T S
W W J P S E K W D L I L P O L
M O L M A E Y K H R I N M J W
```

Word List

ARMY	ROOM
ZEBRA	ICE
KING	OIL
TRUCK	EYE
ROSE	WIRE

RANDOM WORDS

```
L R U W E D T K C W C S Y N M
S N M H H T E Z G U H Y D I X
R L R P G S O P C N D H M J D
Q V B P W J I M D X L O N K L
M R J V C D L F A D H R Z L W
S K P I G I O N W T C S T Q A
P L Q X A P J A I A O E L W T
C J A N H U P Y I A K Y R N H
Y A J O I Q U E E N R B F K Z
M Y U C U G W A T Y B T G M N
X S E V Y J D I A U E R V G C
E F X Y J R K X P N N H V I N
K O A Y X C R J A N A P K I N
E E W O K S L L Z J C W G J O
X Z S H P W P E H R X U M P T
```

Word List

PLANET	NAIL
HORSE	QUEEN
NAPKIN	HOUSE
FISH	JUICE
TOMATO	TRAIN

RANDOM WORDS

```
C E I Y E J Y P Y K S N Z A G
F A H E F A O S H S T E Z K E
U P R U Z Q G X A G Y E Q S F
C T W P J D V R F Y X D F N W
S S S F E Q G R P F Z L D B V
B E W B E T V S H C B E W A Y
Z R U T R C O P I C A H R A G
K O C O D S M I X I R Y S K R
X F T T H X B K A D X U M S E
K C R J H O H R K F R L H D N
A I D T N A A Y A T S Y O C E
S F X H R O O M L N Z T F V Z
P A K B K V E D Y T C R H G C
W I E X B E P D F N F H Y M U
T Z N I K I S U W D Z J E K C
```

Word List

ROOM   GRASS
BRANCH   CARPET
NEEDLE   FOREST
CHURCH   ENERGY
ACTOR   ZEBRA

RANDOM WORDS

```
K A Z R G H W I W I N Y F C Z
J Y S T E N T A A M D G A L H
C F A O I R S T L W Y N C L C
S Q A A V I C M L L D M R T T
D F I K A A H A V L N O E K A
N P J B W H K D E Y X W T R M
O Z X L D X N Z W R I U O C O
O C T Z I Y S X M O A G O M A
L W C B N Z H C I C A B C L D
L H H V O N A X O K R K S R V
A B A M D J N R L E O Y P H G
B N J V F O F O D T H E C D X
B J M P B B V K N M H I B V F
I Y E F F M H Y N D P O P Z B
W M W T N N D X O D M X V R N
```

Word List

TENT	SCOOTER
CANDLE	MATCH
VAN	BALLOON
HAIR	LIZARD
ROCKET	WALL

RANDOM WORDS

```
N K Q K O I N I T L Q Q Y D F
N O N X N D L M N I S B J P Y
H V O S L I Z O O U U F Y L Q
W W E N U X R K G V X E P V T
W C D N R I X A G S L A L P F
T K Z Z E E R E G I E L F L M
X Y Y C V R T K M O U Y W U P
E P C M Z R G F V R M V D N I
B O A R K Y E Y A H X J X C J
W C C F G V F T G X C P P H G
C J O A Q P J B S N G B Z F D
L A L R I V E R F A L I T V K
F F E A J V A F Q D E T L Y L
W E N Q E R K W K F U L C C L
U O L F Z R P O J L I E K G I
```

Word List

IRON	INSECT
AFTERNOON	RIVER
SUGAR	LUNCH
PIANO	ENERGY
FLAG	EASTER

RANDOM WORDS

```
X P S N N I M G Z R C P T L K
U V I O R A U U Z A A D L C O
C O W C X I T H R F Z I Q P T
K U K J T R Q A O U Q R N D A
Y F C A O Y V P G S B Y Z O T
N C R P M A I G E S P P F G L
H R R G N X T B Y T L I I R R
F I K Q N O V M I W A I T C U
A R W T H I K X K T S Z L A L
K K A G R X N I L L T U X Q L
E I M C I A E E N P I O U X T
Z L K T H P F P V G C Y V Q H
V Y Y X H I O F U E F C C M E
B P D L P H N Q I N W R A D Y
L O J M K V Y A W C J K Q T Z
```

Word List

KING	EVENING
PLASTIC	TRAFFIC
RAIN	HOSPITAL
AIRPORT	CHINA
GUITAR	CARAVAN

RANDOM WORDS

```
N L E A G E R I T C H K T Z S
N O G E O C R W B R M U Q K V
C E V B M F A M A E I P S Z F
B H E G O P K P D S T A L E X
O J A D E R I W F B S R B T M
M N H I L S E L B B W I B H X
B Y P U R E U D L Z R O M R S
R N K G D W C O M O H B C T M
F I I H U S W B H I W K G U I
P A K P Q X D I T I F Q U B Z
G R S U N N V U I S L A N D K
S E Y J Q E U I I U L I Z A C
T H K V H H G O H W E C H N J
U D Q Q M S T B W X W M N F Q
E J A P V T J H Z A T M P I B
```

Word List

PILLOW	BORED
ISLAND	RAINY
HOUSE	EAGER
NEEDLE	STALE
HAIR	UPSET

RANDOM WORDS

```
S X J W Z I Y Q O Z I K J P V
C P N V H O N M Y L B S L I M
J A B C X I I U V Z P E D L C
E L F S U E C E C P Z I Q L K
D E J N Z T E R T P V A F P E
I U S Z V B L Z A Q N X J U Y
W H G S O G G Y G Z A N H S R
W E E H I E T N V V Y O L J F
O X A E B I I Q T Q T O L X P
L J U B A R P W N B W E R R H
L S U B R Q F O K G O O H J I
O O L U Q C O K E Z E I Z W W
H A P I D Q T I I O C I Q C T
S I N C E R E S I Y R X J D B
J E G N M Z K K Q W Q F M B C
```

Word List

SLOW	SINCERE
CRAZY	SLIM
PALE	HOLLOW
JAZZY	WIDE
SOGGY	PURRING

RANDOM WORDS

```
I K A S E M E L L O W G N P D
S W Z G F L B Q X B A N L D I
W D S O A N Y V U L X N D Y T
G A Z V J W R T I I T M P K E
W H I M H F G K I A C N L O F
U S N X V Q E R C G H K E D T
H I X G G V R E P R B J E V J
J U H S T A T T Y E M O G S K
C V N U W A L D E E M C F L T
U R R J R I Y O G D D F L Y A
D H K I U T X F N Y G E U H P
D F G S O P E T X S O M F B M
P D Q W U R L Z L U J A F U N
E E H U R R Z T F Y Z L Y M F
W W F I N E H Z K T E E E W S
```

Word List

FINE	ALIKE
GREEDY	LAVISH
HURT	FEMALE
MELLOW	QUICKEST
IRATE	FLUFFY

RANDOM WORDS

```
F F G I F T E D L A W A K E Z
O B U C J H F W R T H P I Z W
I P K A Q A E X T C T P Z I V
I P R E T T Y C X F Z Z Z C E
J A G G E D F Q N U Z L E S P
G Z S E D A T E H N X W I O U
M K T V A X S L Q C E W G S F
Y F S U N Q M T W Q W B A Y S
P O P T N U M S R R H Z X D N
B K E M D Y P B O I X P R O D
Y A C C J I C N X J P Z J J W
J T I Q C B G G X M S E W B I
X O A Y Y X J T V A X A D E B
B X L W V E Y P M J Q H T M N
F D T M I T N C E G Q K K I I
```

Word List

SEDATE	WISE
AWAKE	PRETTY
SPECIAL	WRONG
SPICY	STRIPED
JAGGED	GIFTED

RANDOM WORDS

```
P V Z V S A H P X U T Y I Z O
R Y C C A E A C C G T Q Y L I
G I K A J T L N N I A M U D A
L I P C H J Y F X D T I F Z L
D C Y E U K G B I T S A N P K
V Z T L J L M W P S N F R W M
F I O K E F X W W E H R Z R O
C N E B Y N N O R R R J W Q E
Z G M I I W O R F G B M H K G
F O F B L L Y L R F D I M T V
J W U Q G I G A N T I C Z R C
S L E E P Y L J R T M Z D I M
B T L E L Y Y S F N A V W C K
M A W R G J J N K N G F R K U
P T B U R W G A I K F S J Y W
```

Word List

SELFISH	GLIB
LONELY	LUCKY
PATHETIC	GIGANTIC
ERRATIC	RIPE
SLEEPY	TRICKY

RANDOM WORDS

```
D R I H F K B X N X V E D C W
K B C T R E L U N P U Y J E M
R J G I V R O I B Y V H Z T H
U Y D R L C K F V K B C E U S
S B Z O L B D U P E X T R M N
X Z X Z Y P U H X E L I M O M
X B W E I X E P U T H Y B J Q
S A H J H D J R B W M L J C H
M K W W I N T U R O Y D D L F
W K A G L A T Q O Q B O H Y N
U H O P V D P E K E B W A M P
G N N U D K D N E G L W Z S R
H V K I Q I L G N L U U L Z M
S E F W W N A Q U H E D X H K
L O W V U X N Z Y D Z U G E P
```

Word List

WIDE   PUBLIC

TWO   BLUE

BROKEN   MUTE

DIZZY   TRUE

LIVELY   ITCHY

RANDOM WORDS

```
N F N C C K V A N H G G D Q W
Q Q N P N D Y O X M N W O G V
W J L M X H D F F I Q M N M G
Z C E Z L X C L T W X G H T T
R M F C T D L L Q Z N N U E H
H H T B A I A E I I V R M H L
O T I T R H W O N D Y S D M Q
U G K H Q H V E B G Q B R T T
Z X S U Y R T K I U B U U N A
V T N E J S E A N R F Y M E S
S Z R F I E L H M I A S A L T
A O C L P L Q F P R T L Y I E
B S G N O P P J D C F Y Q S F
L X S D C S N O T T Y Z Q X U
E T L V Z M L U B F P P X A L
```

Word List

SHRILL	HUMDRUM
TASTEFUL	SILENT
SABLE	GLISTENING
BIG	HALTING
LEFT	SNOTTY

RANDOM WORDS

```
A T P O K N W O V X T L C U M
S G K V J A N B U E E L T Q T
G X H T Z G O S J E I T J X Z
A K D S P Z G Y E J W G N I I
A D Q O R M D R K G S S G D S
K S B U E E H U D P V Q Z I T
Q N O R W T T M S N I Z A O D
H Z K O I E Z T R T Y R U T W
D R T C I G S L I K Y N N I W
E T E O P H O J R B F U H C A
I F R P P L T U I R N R A Z L
C Q S I P T M S A O S I R J W
F F B P T A Q L F E O M M P P
X M I Z N E D X J E I F E Z P
R H W G E O U B L A C K D M T
```

Word List

MURKY	BLACK
UNHARMED	DUSTY
THREE	TRITE
DAPPER	SOUR
IDIOTIC	BITTER

RANDOM WORDS

```
A N A I C Q C L B T E D V B D
N P G A L R Q A P R W N T V A
A X E Z Q V L C E W U L T R A
T J A G N Q G M E Q R D N W X
U Y M T U T W C M D O F G X K
R F L O W E R Y D Q A E M L L
A K W W P N D D G Y S U R S D
L X P C W Q I N T V T Z S E F
E T D C B D C O B C E V L B C
A N R G J I Z B G F D Z Y N O
Z W P A L I S A J A Z I G I C
J F B B M Z X G K U T G U D M
Y X U E S P T A P L G B K W U
J P H X H I W V L U I L W F T
I R S G B X D H M X C U R R Y
```

Word List

NATURAL   CURRY

PUZZLED   MERE

VAGABOND   FLOWERY

TRAMP   PUBLIC

ROASTED   ULTRA

RANDOM WORDS

```
N E F E M L A Q Z S E O L Q X
Z I I Q U X Q C L F G V Y D W
V I J F I U S X W R C L F V O
Q Y Y S M W M A V Y P H U S C
A Z Z Y E F B Y H S G H J F G
A M F B R D R T T B K R S E V
J F M T P A L V N E A R R T O
A J H U C I L N Q O Z E N V G
R I T S F K M I S R D O D R E
N K X A J W P P A N U K C K Q
O P Y L J I I T E O R Q L Z H
J V O M A K R T R C O U J K U
U G Y U Y L P A I N F U L E T
E Z E B A Q C Y X O J W J X R
H J O R X U O O D D P M R V J
```

Word List

TENDER	ODD
SPIKY	SCARY
PREMIUM	FILTHY
THIN	PAINFUL
AJAR	NEAR

RANDOM WORDS

```
U K E E Y E I T N W J R V J P
J Y Z T M B Y G P E R Q U S N
F B K K D R P J K V Q N I K B
G X W C C S Q R F F B X W O R
D K D B I G Q A V N Q W A O V
D N I W I T R B V N O C U D F
V O H X R A S I Z M S N H I Z
T W H Y J S U D E U D Z Z Q F
O N Q C U Y B W S H K I Q G U
C R N O L D L O B S P U B I Q
A E M L P L I O V P P C O S N
Y A U U A N K Z Y M E A T Y A
F B K Y D J P Y B J M S D T I
W O O S D U Y Z I L T E E I L
X R M I S K S S U V I O F U O
```

Word List

KNOWN	MEATY
BULLY	RABID
ROYAL	FAMOUS
STICKY	ROUND
ZIPPY	WOOZY

RANDOM WORDS

```
S C Y U S W S T N Z S P O Y M
N P U N A R Z G J Z M D E Z T
S H O J L Y H J V Q H Q I Q L
Z E Y T A R F W Z U F G R S C
K U M M T D J O S F N N Y I E
R A T T Y Y U T O I H R R Y G
Y Z P S W F R W H G I S N Y Z
K L O C J A I S E Y X B K R R
L Z P V I R A J M S S Z J F K
I R R G U D E Q R V N O I H T
S R H L S C Y S R H A E N Q I
D T H G L E A M I N G D T A W
V G X N D U S T Y Z Q Z T W N
B Z R N C L I N X X Y I G D P
V P D W F W R E F K Z N W V C
```

Word List

DASHING   SILKY

GOOFY   NOSY

STRAIGHT   GLEAMING

TENSE   DUSTY

SPOTTY   RATTY

RANDOM WORDS

```
Z V B S E M R P L A C I D N H
P X C L I G I R U A E O P U O
O C U G H K R X F E W T Z W U
K H U Q G D L O B M O O D Y Y
S W X R G K E U O O A H V C R
J J M S I Z V F T V T H T K S
B J B E A U E A C V Y L H Y M
R C G E E T L T V N C J I P D
T E L E D K T M N I X Q R X A
E E O O I X U M V J W I S R Q
G W U G U X K I U N N R T R S
O E V G R D F N F I Z Z Y T R
Q L Q Q X K Y O P A F H A X Z
Z N O V Z Z L R S P G E W Z O
Q F O O L I S H R Z I G A U O
```

Word List

MOODY	LEVEL
MINOR	FOOLISH
FEW	MEEK
PLACID	GROOVY
CLOUDY	THIRSTY

RANDOM WORDS

```
C M W E I Y V C R Y Y S G W V
D E E R I T K A C R I D N K J
W F Y L I B O I L I N G I E G
S M E C T P G N F Z Z J V Y S
J R S R G E J P N M V W O V A
M A I H V C D I P E E F L E A
B O U P I J R Q C D Y U G Y O
E C M I N V N A N O H W L H T
R G P P D S E F B S Z Q Y T T
U Z H B A R H R U B H K Z R R
Z H Z N L R K L I E Y P J A G
F N J L N T C S G N B C P E V
T A A M C P A H Z A G D I S E
H T I M X S E E E Z Z I Q H Y
U P T T I J H Y S D N D B E Q
```

Word List

PARCHED	BOILING
SHIVERING	CRABBY
EARTHY	ACRID
LUSH	MELTED
TALL	LOVING

RANDOM WORDS

```
O E I L F Q J N S U C C O S B
Z B L W L E Y E D U C A T E D
D G B E S D F T K H K Z X W J
T M T Z C L M I F Z L V V I E
Y M C Y C T J H E I I E C M X
B A E L U G R J L I N I U O B
H S L F U M S I K I N M K R D
M S E P O L M E C A A R V P C
X I L Z E M V Y G Z E R U F F
J V N I P F W R K S E C F G U
P E E Z W H O M R Y W G I U D
U L C D V C X E X D B V O K K
F L Q O G S B Z N O Q P V B S
F C K Y K U Y B Q Q V Y Q H O
Y E N I O J J D A T M H R H G
```

Word List

BERSERK	PUFFY
FRAIL	YUMMY
EDUCATED	CRUEL
ELECTRIC	MASSIVE
ORGANIC	NIFTY

RANDOM WORDS

```
Q Z W M A P A F Y V C T W G K
Q F Q P H V V K L K E J E S E
R E S I A G C E G R M L X A A
Q S F N W L W V G F T N Y B Y
V D E K P V E A I Q P L K E E
G J D W Z K S R W J R H Z A P
P O W Z H M U B M U R I V T E
Y D E I D O F H C O T T Z Y T
L K I W P E O E C D M G F Z I
X R V D I N R O V H U S M P T
F C A L R Y P A W M Q V M C E
F Y J D M O O T N U G A A B B
N V Y O G E S K H G D I F F Z
V T Z X H L P Y K R E B Q F L
M A R K E D Y O N C A D L K H
```

Word List

BRAVE	PINK
SORDID	MARKED
PETITE	DERANGED
PROFUSE	CURLY
DAMP	WIGGLY

RANDOM WORDS

```
E U S F L M H H H D T S Y U S
Y Y K S X Q I U B U A K D D R
M Q I N D E S D P X R C I X J
N W L S D K P V S F T I L G Q
V Z L U Y F Q E R H S Y N F Q
E R F V D Q N N E E A W P O R
J I U A Z K S E C E C R M R B
D L L Z G X I O Z Q K C P T L
N F Q G A N N G A V E A U U Y
K M O W P D I N Y R U D E N U
N Z I O T Y T R P K L N F A Z
K C T N L W E P E T L P V T O
G I R O V A D T Q W J I S E F
W E F N S Q W D C R O G M W A
G B L R Y J V Z F D N T C A A
```

Word List

SKILLFUL   FORTUNATE

MILKY   RUDE

TART   SHARP

SECOND   HUSKY

TOWERING   ALOOF

RANDOM WORDS

```
W Q H I T T I W N X F P U K F
F O O T B A L L S H P O D A H
I U Y K Y B L L S H A I Z N F
C C Q F W Q Q I G B L S V G C
A B L Q K X F K J P T E Z A A
S W U N B Y X W P B R D Y R F
T I R E L V E H S N Y R Y O U
L H P L B U S T L E W A S O L
E L E U E Q T F Y U D M W X Z
M J M C N A H H I O J B M F J
I K Y E M P S P R J Y G Y A Q
U C B P I U N A R A B Z T I Q
R P D Z M B B Z W I X M I U V
U P W L C L Y P X J N L W T A
U B V A E N J C O S U T B P P
```

Word List

ADORABLE	FOOTBALL
POISED	KANGAROO
MUSHY	PRINT
PALTRY	JELLYFISH
CASTLE	BUSTLE

RANDOM WORDS

```
W A N O I G E N K Q M K B D O
I L E V P M O F V C R E M K O
G Q L D A F A T C O V Z A P V
I L M T C I S S E F G W Q N D
I Z K F Q Y D M T J J D L Y R
Y E G J N E W T X E U C D T E
T H C C T A A E Z Q R L G L M
E Q Y N Y Y J M U H Y Y O I Y
K Z I S T N P G K E M S W E U
O T G S F L Z C M X N I R E C
O G A V I X Z U R O B G R L C
K F V K E C G R C A B U T G L
V P T W R K F A T O B R H N I
G B A F C R A N Y K J V R A F
P K Q R E M B Z V L Y R Z D F
```

Word List

DANGLE	GREY
CLIFF	TINTED
CONSOLE	TAME
CRAB	FIERCE
FAST	MASTER

RANDOM WORDS

```
P F D X L N S M B V I N S Y C
C Q R R V L F W F F I A M V G
T Z O Y T T P M E F A O I A W
G F P F Q J D W Y E M O H R L
I Z C I X X T M U V P I I R V
I Z R R A O I M Q S P D H A O
D B C U A S S H W V N H E N J
H R H P S A V W U E T R T G F
G U L M I C A D L D U Y W E W
Y C G M D O W C T S S L B G Y
Z P L Y O N C P A C O E L L L
N M G Y D F Y E A D P T P W O
X F Z D A E M J O X E M Z N U
I I D Z K S G X M F I R A R T
E Z U D T S M F P C L S D R T
```

Word List

DROP	LEND
ARRANGE	CURB
WEEP	PURIFY
MEASURE	IMPLY
CONFESS	MISS

RANDOM WORDS

```
M N X E I H L H J I F M M W F
B E A E I S T P R J Y B I O Z
X D F O L D Q C L S T E P J D
W I P X F X L M J A B K I R C
G V H J R I H S J L D M Y Z M
G I P M D C Z E C E O D I V O
H D L A E N Q Z I A V G E O P
V X S V L N Q X S T N P B R K
X O S R A O I W S T F A H L F
E M Z T Y V X Q T I B G H S W
K X M E I Q I X A B O E I U U
X V G N X T O O T T T K D X D
U B A G P X C R E D W I Y I N
U V R L L L X H M M C N H K R
H P L Y V I G T F B N Q O O D
```

Word List

FOLD   DIVIDE

SCAN   STITCH

STEP   STATE

LADDER   RIDE

DELAY   FIZZ

RANDOM WORDS

```
E L N Q P L I I A P I J V Y G
C A N Y J U H T U P M H W P A
W Y K Z T U U Y J R G J X L C
A R M P N Q T E A E B U S K O
Q R T T E P K L H T Y I Y M X
L A S T O W W V G E Z X R N I
M C E S O E A N B N E Q E C I
Q A T X T O I N S D S O O H Z
T O L H D R H F D V Z A A M J
M F C I P P I S O E L U B X M
V C A S G T X G A O R Q K D L
B H Z M F H A A Y R P N M F T
U E T D H G T B C A R V E D O
Z X I R W U A G O K D Y P P J
I F E N F G G Y Q S S Y J G X
```

Word List

ALIGHT	HUG
SHOOT	CARVE
WANDER	CARRY
PRETEND	CRIB
HUNT	SPRING

RANDOM WORDS

```
H V Z X M X V F D L S D V N J
B H M D U A D O B K T H V R F
F E D X L H E F T G T R A L O
B N T I T G V K Y Y H L C V M
E K P I I I O V B L B M Y U E
F Q H L P D E C S S O Z A G A
H I B A L Q Y H Z Q J D T V F
S O H A Y E L L X N Y L Y X Z
S F N F H N P H J T E V H T C
K W Z J D Y Q E U E F B P R L
C H R V T P E K N S S V P E O
Q J T H C V B K X U H K O A C
Q V E G O E A R T I G X A D S
I V V R P S C R E W L H L M F
J D P B G S F C U Q N S C A B
```

Word List

SCAB	YELL
KNEEL	SHAVE
PROVE	SCREW
OBLIGE	HUSH
TREAD	MULTIPLY

RANDOM WORDS

```
J M D G K G D B U X C P G D U
P Q Z F U C E T W S J F Q C Z
J J U N G L E E S F J K R D D
H I A G V E J P D I D G G B A
S A P T X A T R I Y N Y X W F
I O Q P T Q F A I N X G F T Q
T F O Z W A A C R C M F L P C
E P C T B A C L K O W E X E C
H N W S H J Z K U R P Z R W Z
C B O C O E G E N T E A P C W
M M F D A L G A B R A K V I Y
N U O L H Q B L O K Z Z G E C
J A S Q I O H T D G A F D O H
K N P N C F S B G H S R E S E
R E S T R A I N M E E V C T W
```

Word List

STORE	ATTACK
CHEW	SINGLE
EVAPORATE	ALGABRA
SOOTHE	CARPET
RESTRAIN	JUNGLE

RANDOM WORDS

```
V U Q T U I I M C U F T I T R
A B B F S Q Q M L Y P O E V D
J F P V I F U N S B Z N X K D
R M A I E R A R E Y C T R G B
K K E L C A S H I R T O A T R
I L T I V N V L U W T J D J I
H H O N D J I J G R H Q I P H
C J U W J C B C O J O Q O C Q
A Y Q C U V A U R T O K P I T
N W A H O L S T H H V F V R E
V W L E B E K N R C E L E W Y
A S K E R E E T H O R P Z Y J
S L H S Q O T E Y I M Z Z F N
T Z K E O L N M S A C N T D S
J B O B L G F X H S D E V A X
```

Word List

CHEESE   BASKET

RADIO   HOOVER

QUOTE   CANVAS

SHIRT   PICNIC

TROUSERS   HAMPER

RANDOM WORDS

```
E A C X O E P H B A N G L E O
O M D W N R L G D R U M M E R
L B T F Q M O G N L W N D S J
O D S S L U C A N I V T U K N
O V C B O E A O N I T Y I C D
G I H X P X N W A R R A B T L
J H O B X V D R M B P P K G R
P H C G O N Y O C Q Q M W S J
Z C O Q A A K P A Q S T L O K
D Z L J Q O R H A W I B Y H A
M Y A T S E A D E U Z F W X M
M Q T D S C T E C N S H O P S
A F E Y C T T S G J X A V H V
V O R V A S I G L L B R O X E
F R C F R B K L J A Q P D H R
```

Word List

BOARD

SHOP

BANGLE

SWEETS

SKATING

CHOCOLATE

BISCUIT

DRUMMER

PRINGLE

CANDY

RANDOM WORDS

```
X P D T W E O S C K Q C A U R
T I I V T D V L V Z P E S Z N
V A N I S H Q I E L U B P S U
L D C D P J L N R G P H I A K
Q A X S U C D P D T I G A J N
K Z N K Q A I I Y A N P S A L
N S R N N E T L A A J O N I G
I F K G Y L H A L G Z I C A R
T Q E L W K R E J T M J Y V E
T R O U U I C T Q A D H E E P
I K P H C X Q S T J S L X S S
N Q B D V A U E R U K M L A I
G F N D Y A U J R C L N L L H
O G K P F I E C I I G F Y H W
X D S X Y U K T K T F D P X V
```

Word List

TICKLE	WHISPER
CONTRIVE	ANIMATE
SIGNAL	ENDANGER
STEAL	VANISH
KNITTING	CRUSH

RANDOM WORDS

```
B P S Z C H A R G E V O F L Q
Y W E C A R A H F E L B T Y K
D Q N A A I U X C R D D I T O
X A J T V D N J Y W T W A A N
Z Z T Q H A Y F G G J E R H M
G L T D T G X E E C C M O I T
E R P Z O H T M Y C W P U I P
M X H U W A G Z A V T E X F Y
O W B O L R A N W L L D U G H
Q H R F E G E W N O R A A L U
L H N L K L M T H O R R I F Y
T I F C P V D J T P S G J A P
G P X X Y T N D V A A E K R E
O W Y F M J E R A I M B S S H
Y H U U D R V R A S G W M E B
```

Word List

THROW   SADDLE

RATTLE   YAWN

GRADE   INFLATE

MATTER   HORRIFY

CHARGE   INFECT

RANDOM WORDS

```
M Z O B N P N Z H V E M M T V
O O P M W C N J P G S W L A I
C O W E R S H P G W E T R E E
W W Y W F N C F N H A X G N T
N D L J R P J Q I B C P C O P
L O L F A W U B L A L Z O C H
E N H W R E Z J S W A R Z C P
D A G F T L O T A A P P Z J U
I T E W W G R T K U G X M E U
V E B H A L E N E P A B A N I
I I J A F R I C M O L B K I V
D W S G I R P T E E X E G G V
J I S D H G O A E W V E O A G
C V K S E J U D V X V Q H M N
Z C W B T N O Q B E W A Z I U
```

Word List

WATER	COWER
SHRINK	TREE
IMAGINE	SLING
UPROOT	BLEED
DIVIDE	DONATE

RANDOM WORDS

```
W G N Z Z I F U Z L E J A U J
W F W C H E X S E N T E N C E
S B W I Q T B W G E B H R V Y
U Q E S K U T H V W J O W G N
P V H W E P I I O V W B A I O
U E T X Y I O T A D S V A S H
A Y S G A L D V B B G L S O T
G R T C A Z E B R E P B O I U
A Q B T A M P L L X C U Z T Y
Z C E Z O P L I E O P E O E K
Y I O C B S E C Y S S J A P Z
I N E H J B A K J U H S G X M
K B I T U M D O K M D B O N E
S Y U S P B O Z W W A Y S M F
P V I R J G O A V G J Y C F L
```

Word List

SENTENCE	ESCAPE
PLEAD	VIOLATE
BLOSSOM	QUIT
EXPLAIN	BOAST
LICK	BECOME

RANDOM WORDS

```
M A Z R O V A T N U T J T Y M
R Y P L E X F F Y G P H C V E
L E H V Z D G H L A N T V F N
U K T I X S R Y I S L A N D Z
O P O N U E R O Q S K Y G O W
F J I B U U N V E G G Q T V J
O U C F B A Z B M U K U M C R
U R L E P U S X R K F F B N I
N T A H V C F P T T W X W H N
D H S F N G P H D F A B E V G
W U S Z L B P C N O K O O Q C
G W I J K L A Z H M G R L I Z
E A F N C B R E A T H E E F W
U Z Y P C F C E H F O R B I D
J S T L A Z R X P L D M B B R
```

Word List

RING	FLOAT
FORBID	ISLAND
BURY	BREATHE
SAUNTER	ORDER
FOUND	CLASSIFY

RANDOM WORDS

```
T Z H D Q T N A Y W N Y K B Q
B N N E H E P T A K O P L V B
C P R C B R Q A N K E R R P K
U A T T W U U M C W B Y R W A
D A Q A V J Z Q A W N D A Y O
L Q U T H N F K A G N T F D O
X F A L Q I L A O I N V Y X N
A O L V E U R N R J U I V W E
V N I Z B L E G S W S D F K D
J H F L A D K S X W X G I Y Z
A U Y G A O P R T H J R A J T
V R Q V E Q Q T A I T I Y F D
D R G C D C C N V P O X A W E
O Y Q P A B M X A G S N Q S U
F K C J W G C P P S T I J S E
```

Word List

INJURE   QUESTION

GRIND   WORRY

DARE   HURRY

LATCH   SPARKLE

MAGNIFY   QUALIFY

RANDOM WORDS

```
R D E R G A Q V G S F F D D G
R E I Q U U Z N H L P A N H T
C W S R D W F G R T U E U F G
P G A I O I M Q J G L O O D T
L F Y B S C A L D F U X W R E
A D J R W T K M R U U P E K M
S I S Z G A D J A I H S M W C
T W E U Y B R C L S N V R F L
E N J Z T Y J N Y I H E M L B
R B G W R B M U X V C Q A E A
F I M L S L Y O D S J E R E N
X L C Y F M T R Y J X P K T D
R U I J A H S P R O U T E Z A
F S X B A G P T P G O Y Y M G
M E R I V Y K K C P L E A S E
```

Word List

SPROUT	FLEE
BANDAGE	MASH
PLASTER	PLEASE
WOUND	RESIST
SCALD	INSERT

RANDOM WORDS

```
K P W F F M S P T R E Q S D X
S Q F F K U H W Z R I V U Y U
H H Q W J N I P A C E L V J D
A E G O U F Z Y A L X M O W B
L Y X J D O H J D C L E B S K
L F L A V O U R B U K O T L P
O O R E J S D N W C P I W J E
W B M H S A T J D K M X Z S P
Z W X B N C V Y P U F M V H O
I Y A V E K K O L F I I Z S Z
V J D Q E M L A I Z D Q Z U P
R H M Z Z Y T Y C F R U B L M
J T I F E E G L I T T E R B B
S M R N T S L P C C N F O Z J
G E E R W E A R V R U K L I Q
```

Word List

SWALLOW   SACK
SHALLOW   SNEEZE
FLAVOUR   TREMBLE
ADMIRE   STIMULATE
GLITTER   BLUSH

RANDOM WORDS

```
X W B N S O D A E G H O F E K
W O C W P Y X E E A F L P N X
W L O N R T B B N H P I S I I
N F A E E N U D C Y I E H Z F
Y R J P A O L A N N T R A T J
B E N D D E T X I W A P K N E
U V L B P E E S T Z F Q E Q S
T O H D D M L V W A W U R O U
T W S A E C M Q K Q A Q Q O F
E D B Q R S R N D J G A P C E
R W K W U I T J H Y D Z M M R
Y G Y Z Z E B R R R O R E R J
N P B F E A E D O E N K A O G
I M C Z C S A Z R Y F Q V O K
A J S J Z F G P E N V W C Y S
```

Word List

SPREAD   OVERFLOW

BUTTER   DETACH

REFUSE   SQUEEZE

HANDLE   SOAR

DESTROY   SHAKE

RANDOM WORDS

```
V X B K N Z F L S S H Y R J P
U Z P I G Y C L I A R S C J P
T G E H I K O O F M G P G B K
P I G E O N P D J G N E Z V Q
E N Z V T L Y R L U I R L F I
K M D T E M I G V W R I T B T
B M O A R Y N O M W T S V S I
T A D S F A G E O Z S H C S W
Y U J I G J C L Y N C O Y L J
U Q A N X A L I Z W W A D K R
T U V Y I O Q K N L U D Z F D
X F Q X F Z F O V G M C B M W
N H A D Y S R W W N O S C S R
E T T K C U S T A R D D Z F N
L M Q P Y F G Y N C R L M W L
```

Word List

LEAD	TAXI
FOLLOW	TRACING
PERISH	COPYING
SCOWL	CUSTARD
STRING	PIGEON

RANDOM WORDS

```
B D C C X B O T R E H A U B X
U E J V Z T E Y G L M E V P Y
P K A X S M J X S C I V W C L
I S H N L Y P C G Y X R Y R F
C X S E S N R O Q C Q K Y L I
T A H U J T S P A C E M A N Y
T Q H I H N Q D P X B Y U T I
R T C G O R B I T E F Y S E U
A O W X G T N A A R N O C W A
D C K H A X E E I U R E G H Z
B U C W S A C E L F I F Z L X
C D H B J K N E N X X W D Z W
U D F S W D F F B U I Z Y U W
H L R J S C O T N F L P U V E
R E Z H H U R A N U S A E F J
```

Word List

DART   URANUS
CUDDLE   CYCLE
FRIENDS   HELMET
ORBIT   BEANS
SPACEMAN   FROSTY

RANDOM WORDS

```
E H N L S O O E Z B E B K V E
Q A K A Q E L O Q I D M S O T
K Q Q P R B S C X R N V O A C
L Q R N M S N U P C H Y R D G
X P K U F T M D O O K A W K Q
L J R M A O N T O H N Z P V Z
U C W S H O X D E T N S R K U
Z G U N S L I R U K T E O L R
I L N L Q E C L P A C R E V P
L Q D I J S A F R G M O W R R
T I I W K H C M A Z A W P A G
V U O X K A A M E E K H N Q Z
E I O D L C B G Y H L D K B U
P N J T T E N E Y E O J F A G
T J S Z O D L R P M Q D U K A
```

Word List

RANDOM   GREENHOUSE

BAKING   POCKET

TARMAC   CRUMBLE

STOOL   LEAF

HOODIE   TARANTULA

RANDOM WORDS

```
P N Q D I C O B C C X F P J M
N E J X P W V X H V D R X E F
I R E Q Q I W Q M G A Z D E D
U U L R D Z L S T N H I V N H
P S Q G R C X C C E C M T I C
Q T E N A S G E H I K R C T I
W I X I Z W X B N A E J B S V
N C G L W B Z E X H R Z P I H
D F I W D I Q W T E K D Y R D
P H G O K R V A O T Y A G P D
I C D B I T F T M O T H E R I
I V A V Y H S C U E M C K F C
T Y D R E D O T D W K K L F N
Q S L U C A J I F N R Z X Q A
L Q C U Y Y R Y U A D E W B R
```

Word List

PILCHARD	RANCID
BOWLING	MEDICINE
PRISTINE	MOTHER
BIRTHDAY	FATHER
RUSTIC	PRANCE

RANDOM WORDS

```
O O Y Q U H A S E X S P S Z I
Q T J P N Z V A E E K I V A X
Y W W B P X E L F N R X N X L
C H E S T A O L T E Y U D X R
V R S K S C H H N K T H O J J
S M K C R Q O R I C I T S U Q
Y B F I P L A C P I N V F I D
Y F S C G B R L O H A G T C L
H P K Q J V U M P C S K K E L
S D D K U R X L C F W F I Y I
E M S C U A L F O I B M W D W
G E R Q U H O F R B I T B O O
W H I S T L E X N H E H G O Y
U V V M B X P W G P F E N C E
V F I E P G C A B Z G O S M L
```

Word List

FENCE	SANITY
CRISPS	JUICE
CHEST	POPCORN
WHISTLE	CHICKEN
SIREN	HAPPY

RANDOM WORDS

```
Q V V O H M D E R L Z G C K U
N P L O N K E R Y O R M P E S
T G M H B A B Y J Z G E O H P
V R Q S S R A S C A L Z S A O
E U A P L R E Y E B A L L N K
Q O H I E Q E Q V E V M R K E
V S U R N H D G Z O F H U Y S
O I W B F E M Q N U B W A O L
P A X S C E R I P I L I P E S
P G W M L H O S F S F Q E S I
A O J B D W X B K I L H L F L
G D V H Y G N O I R W C W E P
Z T Y J T E C O H C U V G P C
Q O W K R M V T G C A R J V P
V H Z Z Q E X S N G E B M V Z
```

Word List

EYEBALL	WHEEL
FINGERS	SPOKES
HOTDOG	HANKY
BOOTS	PLONKER
TRAINERS	RASCAL

EASTER

```
P L O P A R A D E S M V X W Z
R O C X E F B E I C I C Y P T
A A A C B M L X R V B U N N Y
F R Z A E G G A M H C T T L X
X G B E E B F B Q J L E Z K A
W Z O J A T L A R G N N F N U
M L G Q S R I T Q N L O J E Z
J T B K P T L U O R D G Q C M
J N T R A K I B M O B I Z I W
C U Z G I C E Z N P Y B A V O
E H F N N S S P X W H P H R F
N G S W T K R K E Y A T W E W
D G D A F F O D I L S D M S U
Z E G I T M U S V Q Z W W S D
Y K X J K Y L M C U Y L G Q U
```

Word List

EGG	PAINT
BUNNY	DAFFODILS
BONNET	EGGHUNT
PARADE	LILIES
SERVICE	CRAFTS

MEASUREMENT

```
J F K H H J V E G Y H N J J C
H E G X B A H E V H F C B F J
C I W D R M F I S S I E J X H
U U J E H E I G H T V Z W Z F
N I A R E G W W H U I G M E X
J N R E E R O O I C L M W C T
A C C L J R T S O D T B A H S
I H G U O J Z E M S T U U T B
H W L R Q O I E M T D H B C E
B I M W N L A F M I J A H U P
U T H J I S Z T C Q T T V Z A
E F W B U Q O J E P G N I D E
G O A R D O W C D N Y Y E Q M
W I E E F Q O L E Y D G S C U
F M C W F U L L L P H T G S M
```

Word List

LENGTH	HEIGHT
INCH	CENTIMETRE
RULER	WIDTH
AREA	ESTIMATE
FOOT	MEASURE

PIRATES

```
Y G P I G X R Q M H E N H L U
W U A U K U K L B N H G B D Q
J Z W B J W I G O L D X Z R Z
I M E M C P E G L E G Z L P W
Z A A S F A L S W O R D Y D B
R G E B F A N O M U R E A J S
F T R H L M Q N O Z P Q D O H
K T U P R K F N O A H T N T I
E Q S A L C N Q R N V A E T P
Y T A T U T D R S L Q H M I W
O X E C K H O K O W D N U W O
Q F R H J T N A A P F D E U L
G O T E R V H C E M O R K K G
A I H Q X M D K U D C U H R S
O N J V M Y T F W H C O A K A
```

Word List

CANNON   TREASURE
PEGLEG   HAT
PATCH   SHIP
SWORD   CREW
GOLD   PARROT

CIRCUS

```
Y Y S V U Z E N I F I P S T T
N C K Z J P R T I V C M L N Q
M R I J E V I L N I G L O Y B
C I X S L J W U A A R T J B Y
S M J L L S N A F C H F B M U
Z G P J E N S A F O R P V I A
N V N L I O N S V Y P O E K Z
K E P I E L U T T F E Q B L G
V Z B D R E D J U C A C Z A E
G E K Y E C G E Q N L I S L T
W P M Z T L D S J I R R P Y G
V A P X T O X X A G V C A F Y
J R Y L E W W B O N G U C G D
P T P V N N H L M M D S R H J
Y Z E R T L K J F Z G L O X P
```

Word List

CLOWN	LIONS
TRAPEZE	TENT
ACROBAT	WIRE
ELEPHANT	CIRCUS
RINGS	SAND

BAD

```
T J V F X N O R D T Z I K F D
L S V U L E A O I F J Q B A K
O V F K G N M T M B D J J U H
O P R B I P O T W K P Q I L G
X V S P A U Y E A E I E M T M
T L S I P G S N Y L Q W Z Y K
W O R J A D C L W A F P M Q B
W Z A X T C A A A I T Z K G Q
I I O W U B I B R C Y O A N W
Q R C D R C C F D T G F S I V
M K A K S O O H H P Z N H Y Y
G J W S E B N G E X W Z J O D
S I T U C D U G U E X E V N A
O A X L T A D H Z L K I N N G
S C H M N Y L U Y L B Y U A V
```

Word List

BAD	ANNOYING
NAUGHTY	RASCAL
CHEEKY	WRONG
ROTTEN	WAYWARD
WICKED	FAULTY

SMELLS

```
Q J B U A O V S R S A H B S L
Z J G U Z H X O Z K C I R F S
W L L A Z D E K G N U R B J C
T V U J Z X H Q E I N R M Y S
R F E R K Z B T J T Q I A N B
F X J F P B S K I S F Z R C J
J S T F Z G V W F O N P O Z U
U A T C S K I K Y K S W M P M
R A N C I D L S K S V N A U E
Z O S M G A Y S M K C W I J O
T M R R I A I E B J S Z V F E
N N E U Z I L K H O N K S Q F
O E E O Q L H H O T M D Q O E
R M K D S T H I A P A D I V W
H K S O B F J Q G G W B J R J
```

Word List

SMELLS   RANCID

FOYS   HONKS

STINKS   AROMA

REEKS   SNIFF

STENCH   ODOUR

ANIMALS

```
U Y M K F E Q O E W C B R T C
D R P Z O C K J L Q V T Q N O
O O V Z S Y Q F T A O I Y J T
F A J J V R Q B R Z X Y E G I
N B M P K R O U U Q E O Z O B
F B J N E M W U T Q R J L A B
W T U Z L N R V Z S C Z W T A
A T J O B W G A Q K M A K V R
I P N N F N E U Y O A C M E F
M I U V V K I G I I W F S E N
J W C S G R Y T C N P R E F L
E V B J R C T Y R Z O E F J R
L R U E P U B N G H Q S C Y R
H M L I O T O R T O I S E B P
E L G V P U P P Y G F A P B E
```

Word List

TORTOISE	PUPPY
CAMEL	HORSE
SQUIRREL	PIG
TURTLE	GOAT
RABBIT	PENGUIN

STUPID

```
D Z X G K F T Q F F O X T K S
T C N C M E N O D C M U F L I
E S E R S C O D M A L C S C S
M U V J R L I I D Y F G P C U
N P I A I D G P C R A T W U Y
V X Z S I O S U B M U J W L F
Y Y H O Y R I T V K Y S A A C
C X C H H O U S T C X I B Z H
X Y V O S L A D C L C Y D A E
R U N P U G H S U R S C G P K
T H X D L P I T A I M A M G A
N G N C X L L F F S N N E B C
O I T O L J P F Y I M U K A O
G A S Y D W L U P V P L B S D
B U F F O O N G M S Z D L L H
```

Word List

STUPID   FOOLISH
FARCIAL   LUNACY
SILLY   BUFFOON
DAFT   ABSURD
CRAZY   IDIOCY

GREAT

```
B G R E A T F T J W Z P S D O
K E W Y E C U S H T Y U U H Z
L P B G Q J E P X O U M P V P
W E K V N L C B L T L M E E L
C K X K F I B L I J L R R O B
D L N C Y S D V T D N L B D R
Z P E I E V H N Q F T V M E I
R S A V A P P R A L P D J R L
S A M K E P T O K T G K K G L
X F Y K G R G I G M S U O X I
E H E U K O M H O R D T C E A
T P J J O J N C G N R I U B N
Z J I D X F A O U U A T X O T
X R U K A Y E O K B Q L C B W
T O Q K C T S L U X F K F W E
```

Word List

GOOD	SOUND
BRILLIANT	SUPERB
CUSHTY	OUTSTANDING
COOL	CLEVER
GREAT	EXCEPTIONAL

FOOD

```
B C S W U H L H C O P C Q R X
C B S O Z G G C C H V F B E U
W S X I U B O P U T I B O H G
Q E E H V P P R U J S L G S W
P L V L C P P N E U S F L K S
V D B D F I A Z Y Y I S Q I Q
R O M U E F W R Q G H R R H P
S O N C G E A D H F Q E K D P
M N I N H O T W N X J G S C W
D R P L J Q P F W A F R A X R
Z I H G F B F R I E S U J L I
D M M J N A L L P W M B O D Z
G N D Q R C U G A Y W G Z Y U
P P R A W O Z Y I Y A A T M T
S D N M W N E T Y D L Y Z N I
```

Word List

RICE	SANDWICH
NOODLES	TUNA
SOUP	WAFFLES
FRIES	CHILLI
BURGERS	BACON

Maze 1

Start

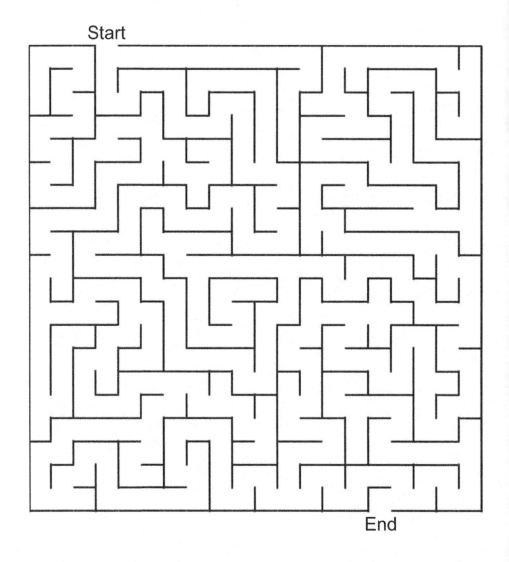

End

Maze 2

Start

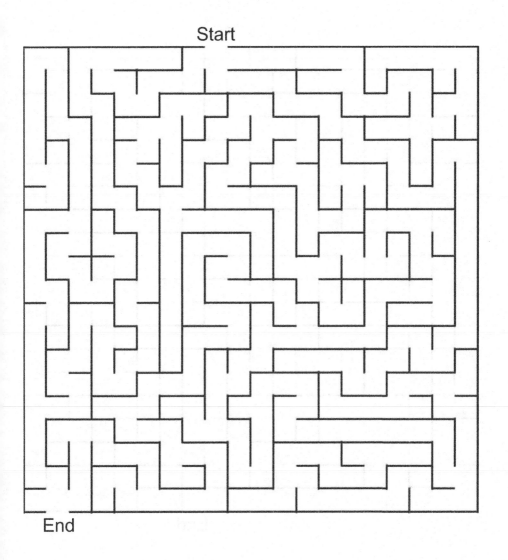

End

Maze 3

Start

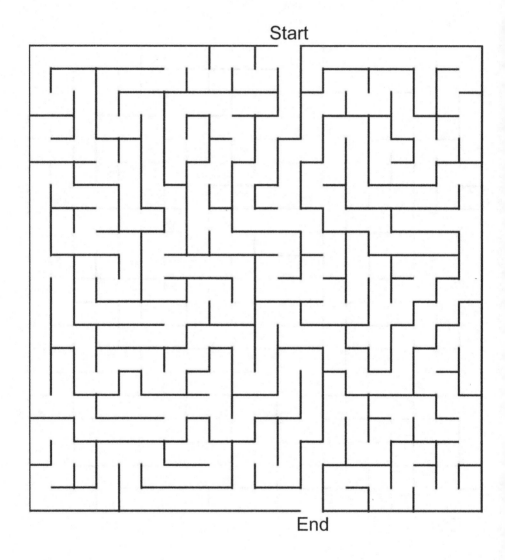

End

Maze 4

Start

End

Maze 5

Start

End

Maze 6

Start

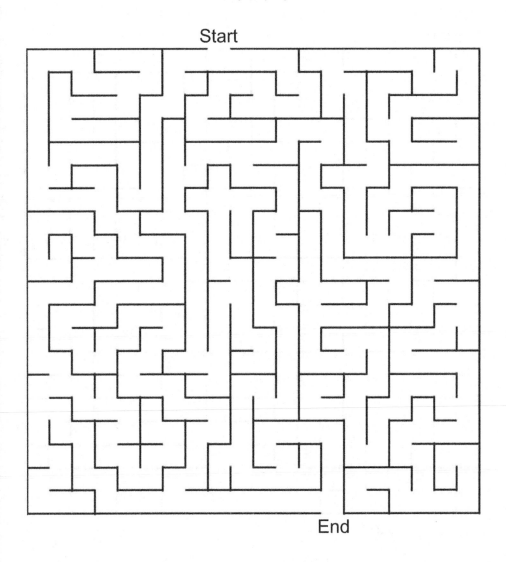

End

Maze 7

Start

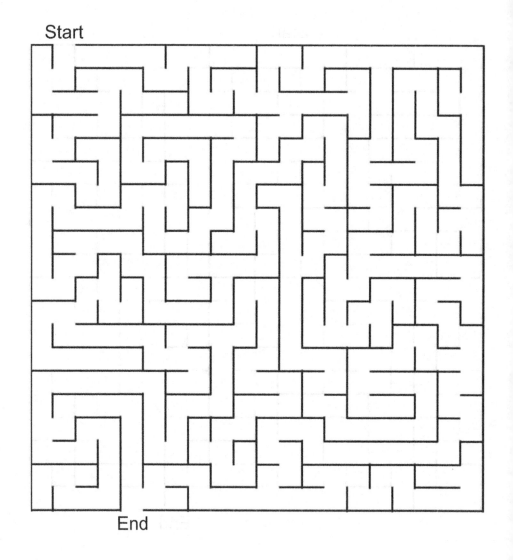

End

Maze 8

Start

End

Maze 9

Start

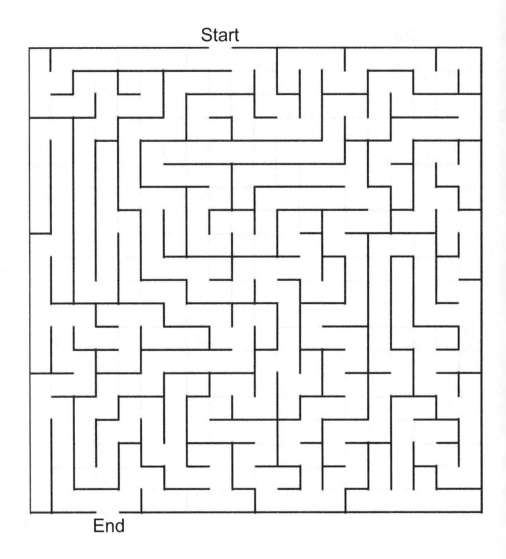

End

Maze 10

Start

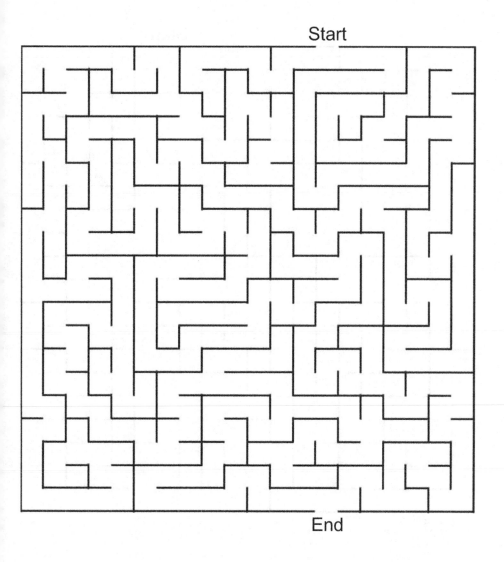

End

Maze 11

Start

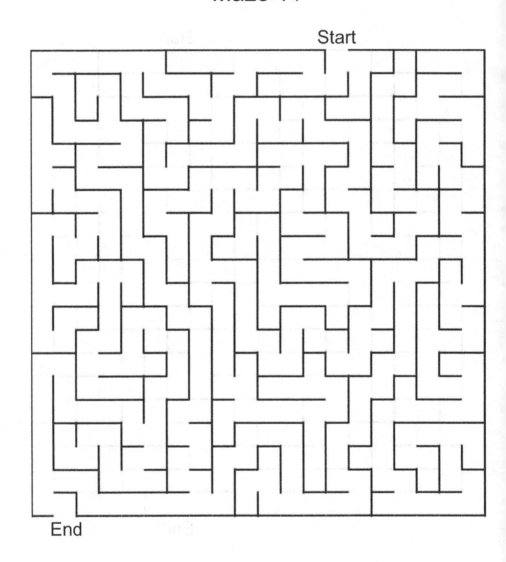

End

Maze 12

Start

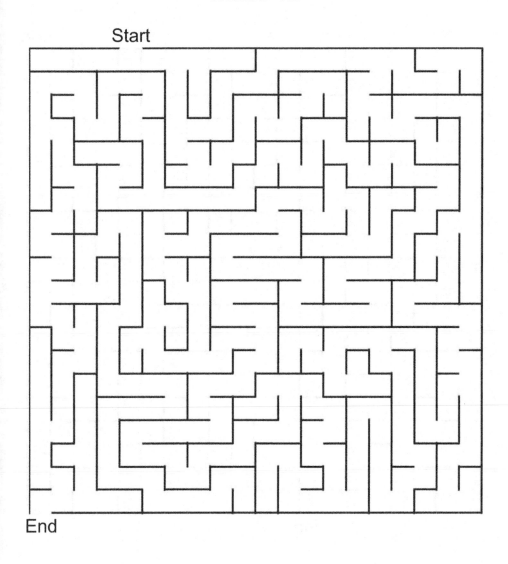

End

Maze 13

Start

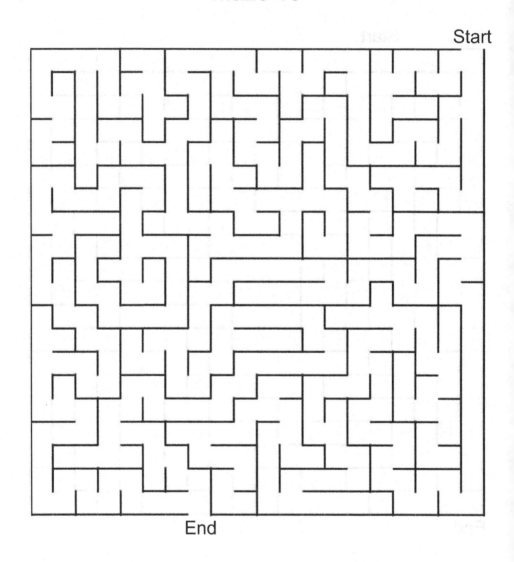

End

Maze 14

Start

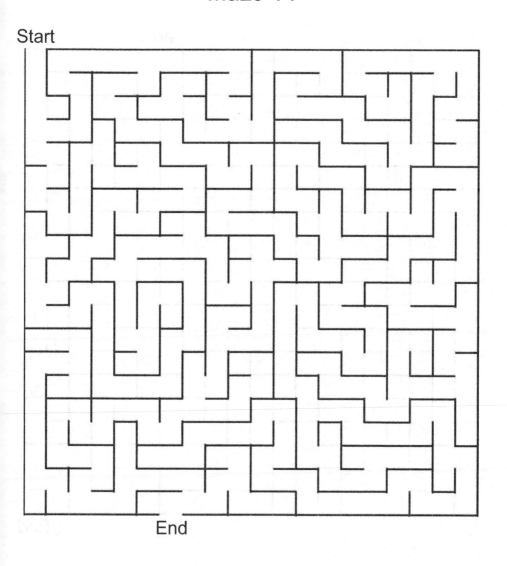

End

Maze 15

Start

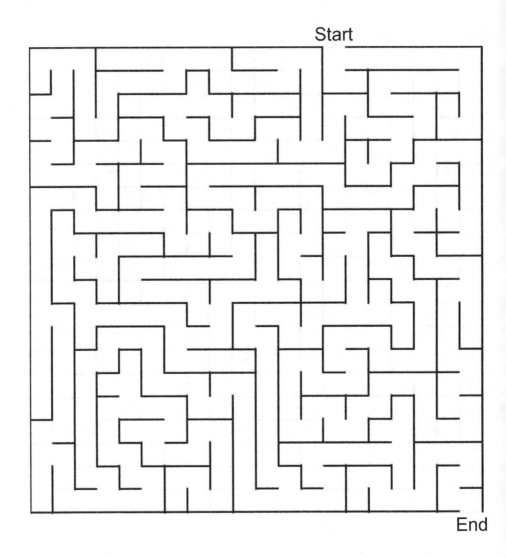

End

Maze 16

Start

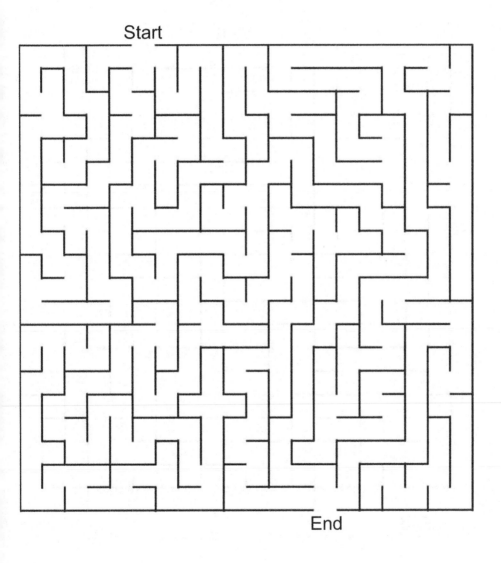

End

Maze 17

Start

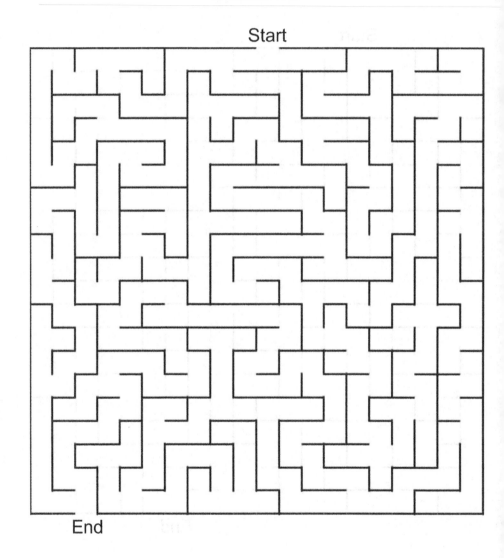

End

Maze 18

Start

End

Maze 19

Start

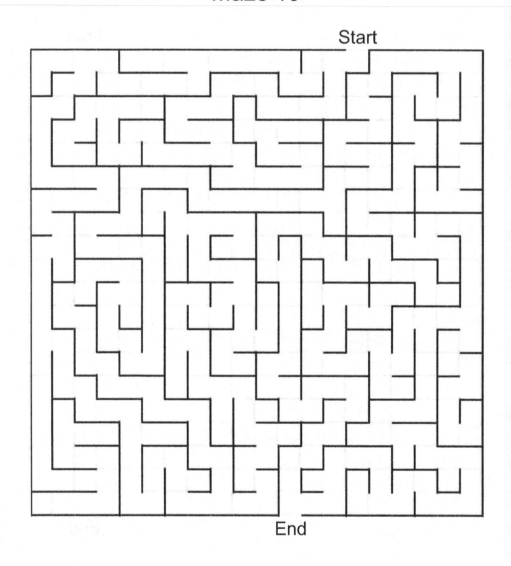

End

Maze 20

Start

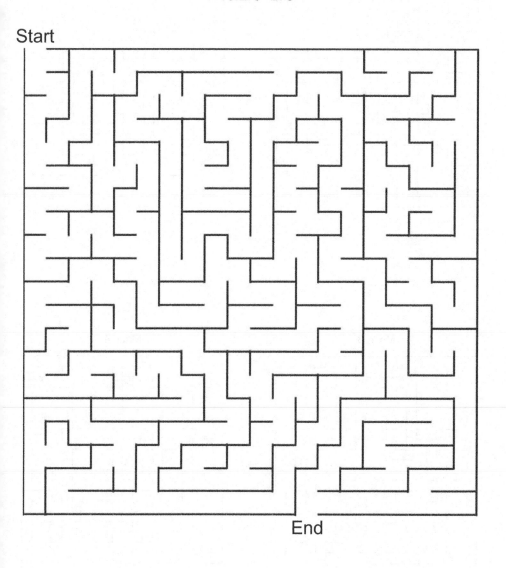

End

Maze 1

Maze 2

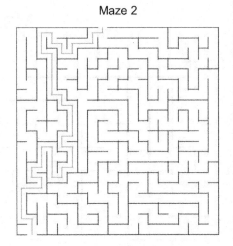

Maze 3

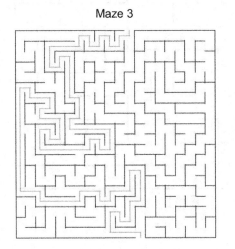

Maze 4

Maze 5

Maze 6

Maze 7

Maze 8

Maze 9

Maze 10

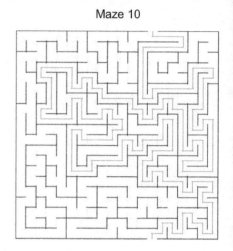

Maze 11

Maze 12

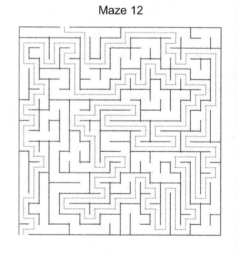

Maze 13

Maze 14

Maze 15

Maze 16

Maze 17

Maze 18

Maze 19

Maze 20

RANDOM WORDS

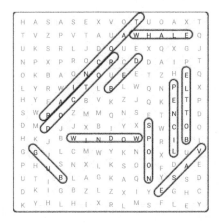

RANDOM WORDS

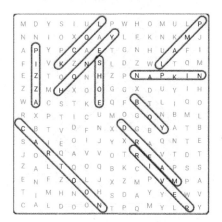

RANDOM WORDS

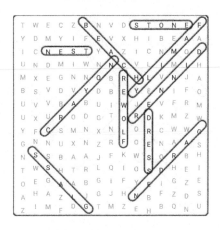

RANDOM WORDS

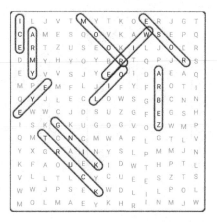

RANDOM WORDS

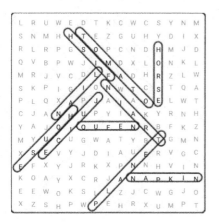

RANDOM WORDS

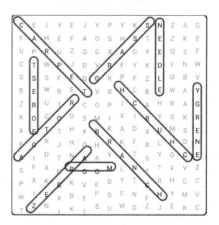

RANDOM WORDS

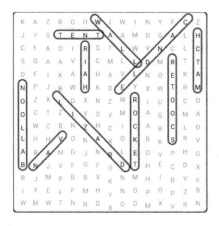

RANDOM WORDS

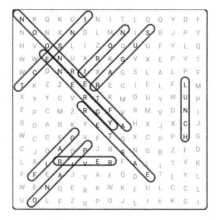

RANDOM WORDS

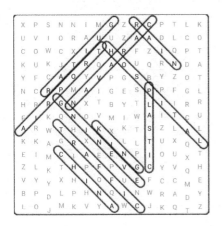

RANDOM WORDS

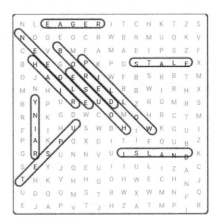

RANDOM WORDS

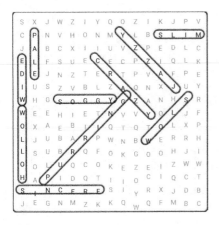

RANDOM WORDS

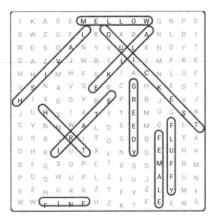

RANDOM WORDS

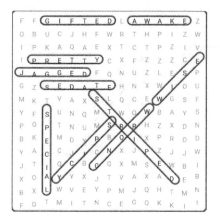

RANDOM WORDS

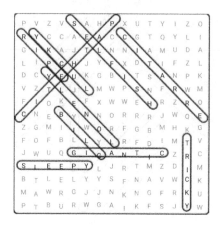

RANDOM WORDS

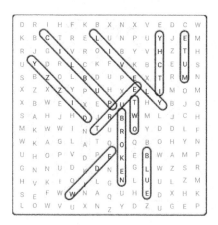

RANDOM WORDS

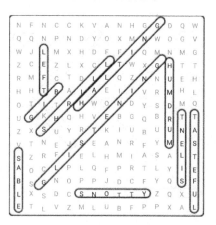

RANDOM WORDS

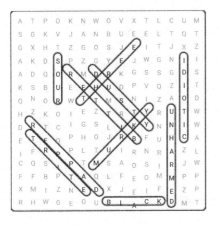

RANDOM WORDS

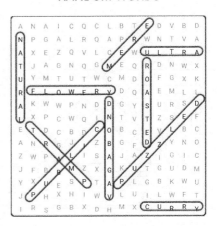

RANDOM WORDS

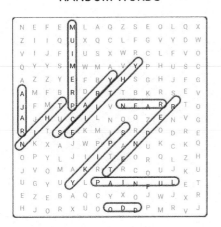

RANDOM WORDS

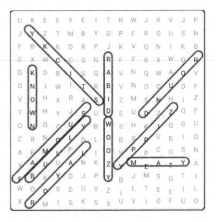

RANDOM WORDS

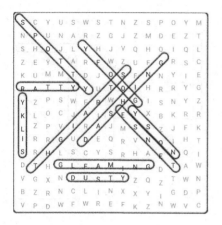

RANDOM WORDS

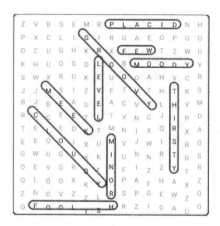

RANDOM WORDS

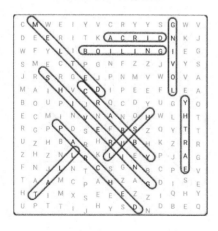

RANDOM WORDS

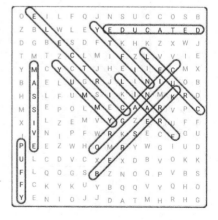

RANDOM WORDS

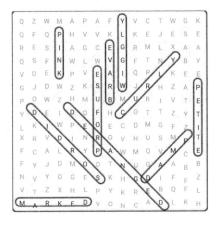

RANDOM WORDS

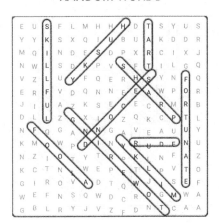

RANDOM WORDS

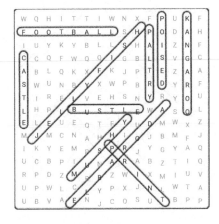

RANDOM WORDS

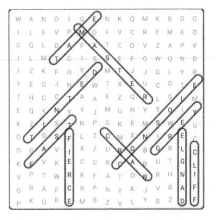

RANDOM WORDS

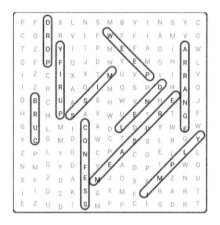

RANDOM WORDS

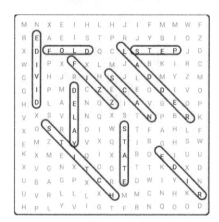

RANDOM WORDS

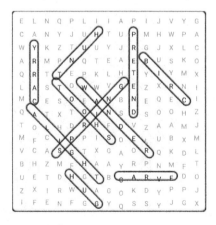

RANDOM WORDS

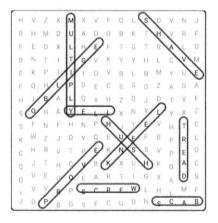

RANDOM WORDS

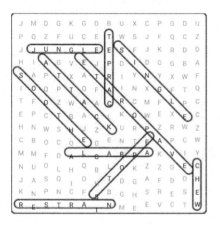

RANDOM WORDS

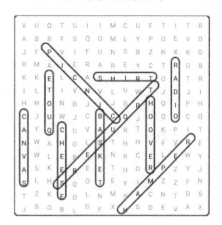

RANDOM WORDS

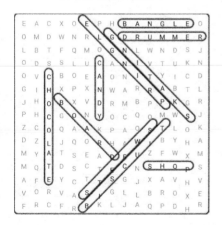

RANDOM WORDS

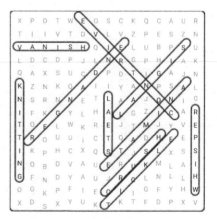

RANDOM WORDS

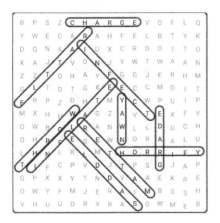

RANDOM WORDS

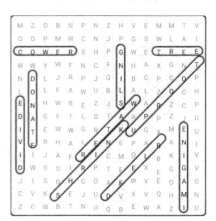

RANDOM WORDS

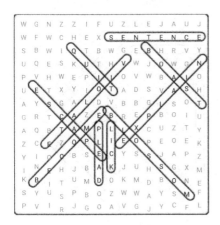

RANDOM WORDS

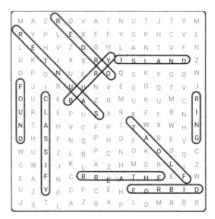

RANDOM WORDS

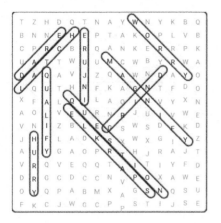

RANDOM WORDS

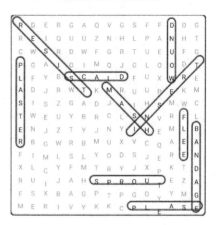

RANDOM WORDS

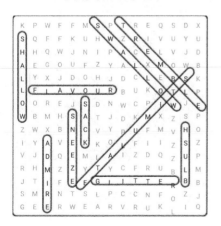

RANDOM WORDS

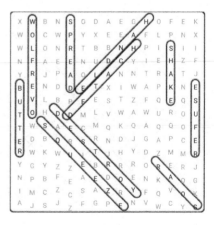

RANDOM WORDS

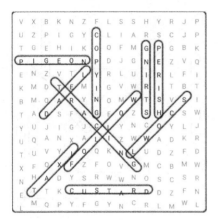

RANDOM WORDS

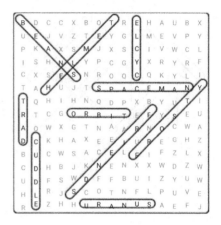

RANDOM WORDS

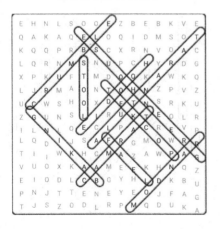

RANDOM WORDS

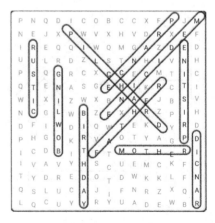

RANDOM WORDS

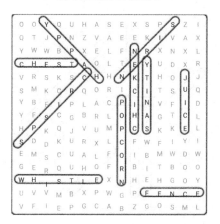

RANDOM WORDS

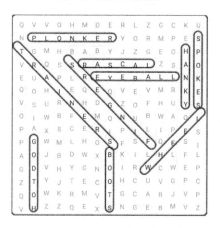

EASTER

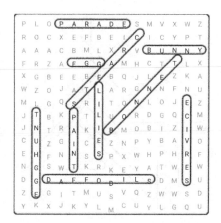

MEASUREMENT

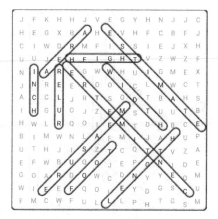

PIRATES

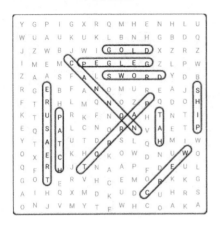

CIRCUS

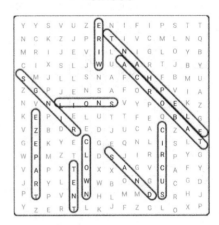

BAD

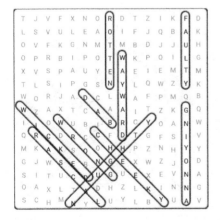

SMELLS

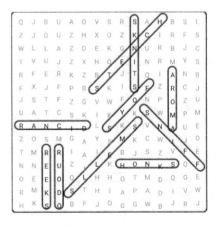

ANIMALS

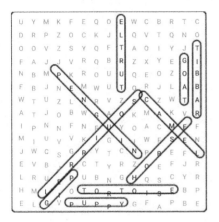

STUPID

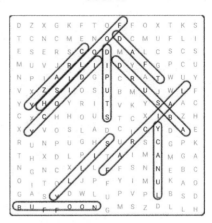

GREAT

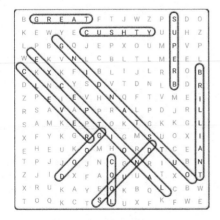

FOOD

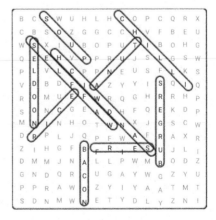

Made in the USA
Monee, IL
15 November 2024

70223417R00059